DISTRICT

DE

SAINT-GERVAIS.

Procès-verbal de visite faite à l'Ecole
Royale Militaire, le 3 octobre 1789.

L'AN mil sept cent quatre-vingt-neuf, le samedi
trois octobre, quatre heures de relevée : Nous,
Antoine-Nicolas Gueullette, Avocat en Par-
lement, Conseiller du Roi, Commissaire-En-
quêteur et Examinateur au Châtelet de Paris,
Capitaine de la première Compagnie du Batail-
lon du District de Saint-Gervais, demeurant
à Paris, rue Saint-Antoine, vis-à-vis le petit
Saint-Antoine, paroisse Saint-Paul ; *Michel
Bourdon*, Peintre, rue de la Mortellerie, n°. 18;
Michel-François-Joseph Cholet de Jetphort,
Avocat, rue des Nonaindières, n°. 31 ; *Jacques
Bonnard*, maître Boulanger, rue de la Tisse-
randerie, n°. 5 ; *Pierre-François Compagnon*,

A

maître Teinturier , rue de la Tisseranderie , n°. 8 ; et *Antoine Ballu* , Parcheminier, rue de la Tisseranderie , n°. 35. tous Commissaires nommés par une délibération de l'assemblée générale du District de Saint-Gervais, extraordinairement convoquée au son du tambour , cejourd'hui matin , et tenue en ladite église de Saint-Gervais, en présence de MM. BAILLY, Maire , DE LA FAYETTE, Commandant Général de la Garde Nationale Parisienne , et d'une députation d'un Président et de plusieurs honorables membres de l'Assemblée générale des Représentans de la Commune de l'Hôtel-de-Ville , qui se sont , par des considérations particulières , transportés en l'Assemblée générale séante audit District de Saint-Gervais , à l'effet de nous transporter sur-le-champ à l'Ecole Royale Militaire , pour y constater par nous-mêmes l'état de situation des subsistances, et la mouture des moulins à bras , pour l'exécution de la mission à nous déférée par cette délibération, dont un extrait nous a été délivré, signé de M. *le Roy*, Président, et de M. *Baras*, Secrétaire de l'assemblée, et scellé du cachet du District ; et encore en vertu de l'autorisation particulière à nous délivrée cejourd'hui, par MM. BAILLY, Maire, *de Rozembourg , Perrier , Oudart* et *Braussonet,* tous membres du Comité provisoire des subsistances de l'Hôtel-de-Ville ; ladite autorisation portant que les sieurs *Schmitt* et *Bouchods* feroient voir à MM. du District de Saint-Gervais , tous les magasins et ateliers de l'Ecole Militaire , et donneroient tous les renseignemens qui leur seroient demandés.

Nous nous sommes transportés à l'Ecole Militaire , dans un corps de bâtimens , le premier à main gauche, près de la grille d'entrée de l'avenue qui conduit aux Invalides , lequel corps de bâtiment nous avons reconnu être partagé en plusieurs divisions, et renfermer les moulins à bras, qui nous ont paru tous numérotés , et occuper chacun huit hommes. Etant successivement montés sur chacun de ces moulins, dont les trémies nous ont paru à découvert , nous nous sommes assurés et convaincus que chacun de ces moulins comportoit sa charge à moudre en blé , non de France , mais de Barbarie, extrêmement mouillé, et cependant laissant dans la paume de la main, à chaque poignée, un résidu très-apparent de poussière : nous avons remarqué que chaque charge de blé que ces moulins étoient occupés à moudre, contenoit un mélange en petite quantité , de seigle , d'orge , même d'avoine , de blé de Turquie , dont un épi s'est trouvé à moitié égrené dans l'un d'eux ; nous avons pareillement remarqué , sur-tout dans les charges de blé que moudoient les moulins numérotés 62, 63, 64, 65 , 66 , 67 , 68, 69 , 70 , 71 , 72 et 73 , des mélanges de corps étrangers , tels que plâtre , résine , petits cailloux , graines de raisins secs , à la vérité en très-petite quantité, ce que nous n'imaginons pas devoir être attribué à d'autre cause qu'à l'inexactitude à monder le blé avant de le moudre.

Un particulier, lors de notre arrivée, s'étoit présenté, et s'étoit fait connoître à nous pour être le sieur *Bouchods* , Concierge de l'Ecole Royale Militaire , désigné dans l'autorisation particulière et par écrit sus-mentionnée, à nous donnée par le Comité provisoire des Subsistances de l'Hôtel-de-Ville : d'après l'exhibition que nous lui avions faite de cette autorisation et des pouvoirs à nous déférés par l'Assemblée du District de Saint-Gervais , ledit sieur *Bouchods* nous a accompagnés pendant un demi-quart d'heure ou environ, dans la visite des moulins et des blés qu'ils étoient employés à moudre ; mais au bout de ce temps, ledit sieur *Bouchods* n'ayant pas cru vraisemblablement devoir continuer à nous accompagner, s'est retiré, et nous a laissés seuls continuer nos opérations , incertains dans la marche que nous pouvions tenir, vu l'immensité, et le peu de connoissance que nous avions du

local de l'Ecole Royale Militaire, et de son intérieur. Cependant, à l'aide d'un autre particulier qui nous a abordés, et s'est dit se nommer
Lemoyne, demeurant depuis dix-huit ans, en
qualité de Concierge, dans ladite Ecole Royale
Militaire, et au compte du Gouvernement,
nous nous sommes introduits dans une cour,
dite la cour du Lavoir de l'Office, et dans un
bâtiment de ladite cour à main gauche, au rez-
de-chaussée; nous sommes entrés dans une salle
où nous avons remarqué du blé étendu par terre;
cinq particuliers, dont deux foulant ce blé à
leurs pieds, s'occupoient à l'arroser avec des
arrosoirs de jardiniers; nous avons aussi remarqué dans ladite salle six sacs remplis de blé,
qu'ils nous ont déclaré n'être point destinés à
être mouillés, et cinquante-huit autres sacs
destinés à l'être. Nous étant enquis audit sieur
Lemoyne du sujet pour lequel on mouilloit
ainsi le blé, il nous a répondu que c'étoit d'un
côté pour lui faire perdre le goût d'âcreté qu'il
avoit nécessairement contracté lors du trajet sur
mer, et d'un autre côté pour en faciliter la
mouture.

  Sortis de ladite cour, et toujours accompagnés
dudit *Lemoyne*, nous nous sommes introduits
dans un corridor appelé le corridor du Dépôt
des Armes, dans lequel, autant qu'il a été

possible de le faire , nous avons énuméré et reconnu l'existence de douze cents sacs ou environ de grains en blé , toujours venant de *Lemoyue* , suivant la déclaration dudit sieur Lemoyne ; dans une salle par bas , donnant dans ce corridor, et dite la salle du Peigné , · nous avons trouvé étendu sur le plancher, la quantité d'environ deux cents setiers de blé de qualité inférieure. Dans une autre salle à côté , dite la salle de la Buveterie, nous avons remarqué cent cinquante setiers ou environ, de blé qui nous a paru de bonne qualité , et quatorze sacs de balayures : dans un corridor, en retour de celui sus-désigné , nous avons pareillement énuméré et remarqué la quantité de soixante-douze sacs de blé, également venant de Barbarie : nous a ledit sieur *Lemoyne* déclaré qu'il étoit à sa connoissance que, d'ici jusques à Pâques , l'Ecole Royale Militaire seroit approvisionnée de pareils blés , d'après la quantité qui en étoit arrivée ; que le trois du mois de janvier dernier, il avoit reçu des farines chargées sur des voitures traînées par des chevaux d'artillerie, qui étoient destinées pour un magasin du sieur *Leleu* , à l'Enfant Jésus ; qu'elles étoient retournées, quatre jours après leur arrivée , à l'Ecole Royale Militaire ; que chaque moulin à bras existant formoit une dépense journalière de trente-six liv., et ne produisoit qu'un sac de farine de la valeur de six liv. Continuant nos recherches, et toujours accompagnés dudit sieur *Lemoyne*, nous avons remarqué, dans un corridor avoisinant ceux sus-désignés, deux cent quarante tonneaux remplis de riz. Dans un autre corridor, où se trouve une salle numérotée 11, et dans ladite salle, trois cent vingt-neuf tonneaux remplis de même riz ; en face de la cuisine, numérotée 13, et à côté, la quantité de mille quarante-cinq tonneaux remplis de semblable riz : nous a pareillement ledit sieur *Lemoyne* déclaré que cejourd'hui matin l'on attendoit l'arrivée de huit cent tonneaux de même marchandise. A l'instant où nous étions occupés à la visite, ainsi qu'à l'énumération des tonneaux de riz, nous avons été informés de l'arrivée de plusieurs Députés, tant de la Commune que de différens Districts, lesquels nous ont invités de se joindre à eux, vu qu'un intérêt pareil au nôtre leur faisoit faire une opération semblable à la nôtre, à laquelle ils étoient occupés depuis neuf heures du matin. Deux de nous Commissaires, en laissant les quatre autres continuer leurs recherches, nous nous sommes transportés, sur l'invitation desdits Députés, à un Bureau que l'on nous a dit être le Bureau du sieur *Bouchods*, ci-devant nommé, dans lequel Bureau nous avons retrouvé ledit sieur *Bouchods* qui nous avoit quittés, et avons remarqué une assez grande table, autour de laquelle étoient assises plusieurs personnes, en tête desquelles nous avons distingué M. l'Abbé *Benieres*, Curé de Chaillot, lequel nous a dit être accompagné de trois Collègues, Députés comme lui à l'Assemblée des Représentans de la Commune à l'Hôtel-de-Ville, ayant mission de faire donner à toutes les autres personnes que nous apercevions, et qui toutes étoient des Députés de cinq ou six différens Districts, tous les renseignemens nécessaires sur l'état des subsistances que comportoit l'Ecole Royale Militaire, leur quantité, nature et qualité, et à cet effet de leur faire procurer toutes les ouvertures de portes dont ils auroient besoin. Il nous a paru qu'il s'étoit opéré entre MM, les Députés des différens Districts et MM. les Députés de la Commune de l'Hôtel-de-Ville, une telle réunion, quelle avoit donné lieu à une constitution d'Assemblée, dont M. l'Abbé *Benieres* étoit Président, et auquel, à ce titre et en notre présence, chaque honorable Membre ayant envie de faire une Motion, s'adressoit pour demander la parole. M. l'Abbé *Benieres*, en sa qualité de Président, et après s'être assuré , par l'exhibition que nous lui fîmes de nos pouvoirs, que nous pouvions être en toute sureté admis à son Asssemblée , nous proposa, pour le maintien de la paix et de l'union , et pour dissiper les alarmes que les Citoyens prenoient trop facilement, de nous réunir à l'Assemblée , pour corroborer le procès-verbal qui avoit été déja commencé , et n'étoit pas encore clos. Sur l'observation que nous lui fîmes , qu'étant intimement persuadés que MM. les Députés de la Commune et les Députés des différens Districts, ne pouvoient avoir qu'un intérêt semblable à celui qui nous animoit, c'est-à-dire , l'intérêt de la tranquillité et de la chose publique , et que dans le cas où leurs recherches , vérifications et opérations se trouveroient parfaitement cadrer avec les nôtres , nous n'entrevoyions point de difficulté d'adhérer à leur vœu ; alors mondit sieur Abbé *Benieres* nous fit lecture du procès-verbal qui avoit été rédigé, constatant les Déclarations que l'Assemblée avoit prises dudit sieur *Bouchods ,* sur l'état actuel des subsistances en tout genre, existantes dans l'intérieur de l'Ecole Royale Militaire et les vérifications que , d'après ces mêmes déclarations, l'assemblée avoit scrupuleusement faites ; et d'après cette lecture, M. l'Abbé *Benieres ,* ses Codéputés et Messieurs les Députés des divers

Distrcits qui s'étoient réunis à eux, nous ob-
servèrent que l'attention qu'ils avoient ap-
portée dans leurs opératious dont ils ne s'étoient
détournés que le temps nécessaire pour dîner,
ne leur permettoit pas de pouvoir se persuader
qu'il fût en notre pouvoir de rien faire de plus
régulier. Nous devons observer, d'après la lecture de ce procès-verbal, non alors clos en premier lieu, que la rédaction de son intitulé
nous a paru singulière, en ce que ce sont MM.
les Députés de l'Assemblée de la Commune de
l'Hôtel-de-Ville qui se sont intitulés en tête; et
que ce n'est que comme parties intervenantes
et secondairement, que MM. les Députés des
divers Districts se trouvent admis en ce procès-verbal; tandis qu'il eût dû être rédigé par
eux, en présence de MM. les Députés de la
Commune de l'Hôtel-de-Ville, dont la mission,
ainsi que nous l'avoit annoncé M. l'abbé *Beni e-
res*, et ce qui paroît dans l'ordre, devoit se borner
à la seule et unique présence, pour faire procurer à MM. les Députés des différens Districts tous les renseignemens dont ils pouroient
avoir besoin, et leur faire faire toutes les ouvertures des portes nécessaires; en second lieu, que
le procès-verbal rédigé en cette Assemblée, décide
formellement que le pain qui sera fabriqué avec la
farine provenante du grain existant dans l'Ecole

Royale Militaire, ne peut qu'être de la plus excellente qualité ; à la réserve cependant qu'il n'aura pas la même blancheur que le pain provenant de la farine de blés de France, et que cette partie de la rédaction du procès-verbal contient une opinion problématique. S'agissant, d'après la lecture de ce procès-verbal, de nous décider à y adhérer ou non, nous crûmes devoir observer à M. l'abbé *Benieres* et à l'Assemblée qu'il présidoit, que nous avions remarqué une très-grande négligence dans la préparation des grains versés dans les moulins, par les mélanges que nous y avions trouvés de plusieurs matières hétérogènes, de l'espèce, de celles que nous avions ci-devant décrites, dont nous produisîmes sur le bureau de l'Assemblée des échantillons que nous avions conservés, notamment l'épi égréné de blé de Turquie, lequel épi, en passant successivement par plusieurs mains, a disparu. A l'aspect de ces matières hétérogènes, M. l'abbé *Benieres*, et tous les honorables Membres de l'Assemblée qu'il présidoit, témoignèrent leur surprise extrême ; et d'une commune voix, s'adressant au sieur *Bouchods*, lui demandèrent s'il étoit bien sûr des ouvriers qu'il employoit aux moulins, ajoutant qu'ils ne pouvoient s'empêcher d'attribuer ces mélanges à la méchanceté de quelques-uns des ouvriers,

d'autant plus que dans leurs visites et recherches, ils n'avoient point fait de semblables
remarques. Le sieur *Bouchods*, surpris de même
que toute l'Assemblée, n'ayant pu donner d'é-
claircissement à ce sujet, il fut unanimement
décidé qu'à l'instant chacun des membres de
l'Assemblée se porteroit dans les différentes salles
où sont construits les moulins, pour y faire une
nouvelle visite; et préalablement M. l'abbé
Benieres, ses collègues, et MM. les Députés
des divers Districts réunis à eux, insistèrent de
nouveau sur l'invitation qu'ils nous avoient déja
faite de nous réunir à eux, pour ne dresser qu'un
seul et même procès-verbal, c'est-à-dire, pour
clorre le procès-verbal, dont lecture venoit de
nous être faite, et dans lequel ils nous auroient
fait intervenir, en retenant pardevers M. l'abbé
Besnieres, président, nos pouvoirs. Comme de
nous, six Députés du District de Saint-Gervais,
il n'étoit entré dans le bureau où se tenoit
l'Assemblée que deux, nous observâmes à M.
l'abbé *Benieres* et à l'Assemblée qu'il présidoit,
que nous ne pouvions nous décider à accepter
ou refuser l'adhésion qui nous étoit demandée,
sans le concours des autres; et alors nous
étant tous réunis, parfaitement instruits du
vœu de l'Assemblée et du contenu en son procès-verbal, d'après le rapport de ceux de nous

commissaires qui en avoient entendu la lecture , et la nouvelle lecture succincte qui leur en fut faite , nous ne crûmes pas devoir nous décider aussi promptement qu'il eût été nécessaire, au gré de l'impatience de M. l'abbé *Besnieres* et de tous les honorables membres de l'Assemblée qu'il présidoit , qui se permirent même de nous reprocher que nous leur avions fait perdre , par notre indécision , une grande heure de temps qu'ils auroient employée plus utilement ; auquel reproche nous nous crûmes obligés de faire sentir à M. l'abbé *Besnieres* et à l'Assemblée , qu'à tort ils nous le faisoient, puisque loin de les déranger de leur besogne , ils étoient eux-mêmes venus nous distraire de la nôtre : finalement nous leur observâmes que nous allions nous retirer dans un lieu à part, pour délibérer entre nous sur le parti que nous avions à prendre ; et de fait , nous étant retirés dans un corridor écarté du bureau , lieu de l'Assemblée , après avoir mûrement délibéré entre nous , considérant que le procès-verbal de l'Assemblée auquel nous étions si instamment invités d'adhérer, ne pouvoit point s'accorder parfaitement avec les remarques et découvertes par nous faites , qu'il seroit illusoire de nous démunir de nos pouvoirs , et singulièrement de l'autorisation du

Comité provisoire de subsistances de l'Hôtel-de-Ville, qui rentreroit dans les mains du Comité, en rentrant dans celles de M. l'abbé *Benieres* et de ses collègues, Députés de la Commune de l'Hôtel - de - Ville, nous avons arrêté que M. *Cholet,* l'un de nous, retourneroit seul dans le bureau où se tenoit l'Assemblée, et y déclareroit que ne pouvant adhérer à son vœu, elle étoit libre de continuer son procès-verbal, et que de notre côté nos pouvoirs étant impératifs, et d'ailleurs notre nombre fixé à six Députés ayant offusqué l'Assemblée, ainsi qu'elle nous avoit paru l'être, nous dresserions le procès-verbal de tout ce que nous avions remarqué dans le cours de nos opérations ; et de fait, le dit sieur *Cholet* est rentré dans le bureau de l'Assemblée, y a exprimé le résultat de notre décision, et nous a rejoints.

Comme nous nous disposions à continuer nos visites et perquisitions, et même à descendre dans les caves et lieux souterrains de l'École-royale Militaire, à l'aide de flambeaux dont nous nous étions munis à cet effet, le sieur *Compagnon,* l'un de nous, nous a observé qu'un particulier qu'il avoit remarqué dans le nombre des membres qui composoient l'Assemblée, décoré comme lui de l'uniforme national et du grade de sergent, l'avoit tiré à part, et lui avoit an-

noncé qu'il ne nous conseilloit point de faire
la moindre visite dans les caves et lieux souterrains , parce qu'il y auroit un danger réel
à courir de la part des ouvriers. D'après cette
annonce , quel qu'en put être le but , mus cependant par des raisons de prudence , nous
avons cru devoir suspendre nos opérations ,
et clorre le présent procès-verbal , auquel nous
avons vaqué jusqu'à neuf heures sonnées ,
sauf à nous retirer pardevant l'Assemblée générale du District de Saint-Gervais pour le lui
communiquer , et être par elle pris sur icelui
tel arrêté qu'elle avisera. Nous croyons devoir
observer que le local de l'École royale Militaire est d'une telle immensité , et sa distribu-
tion interne si compliquée , qu'à moins de bien
les connoître , il est très-difficile d'en sortir
sans guide , principalement la nuit , et qu'après
avoir erré l'espace d'une demi-heure dans l'intérieur , ce n'est qu'à l'aide de deux personnes
qui nous ont dit y demeurer depuis long-temps ,
et que nous avons rencontrées fort heureuse-
ment , que nous sommes parvenus à rejoindre
la porte par laquelle nous étions entrés. Nous
terminons le présent procès-verbal , en affirmant
en nos ames et consciences, que tous les faits
y mentionnés sont dans la plus exacte vérité ,
et sous la réserve d'après iceux , et en cas qu'il

plaise à l'Assemblée générale du District Saint-Gervais nous continuer la confiance dont elle nous a honoré, quant à ce, de lui demander de nous adjoindre un plus grand nombre de collègues, même de solliciter des forces suffisantes pour la sureté de la députation, d'autant plus qu'il est possible de présumer que les différentes visites de cette nature soient dans le cas de faire croire aux ouvriers employés aux moulins à bras, que l'on pourroit avoir intention de les détruire, et que cette idée, qui les mèneroit à celle de la perte de leurs travaux, pourroit les déterminer à des actes de violence et de désespoir qu'il est prudent d'éviter, et dont il est sage de se garantir.

Signé, GUEULLETTE, CHOLET-DE-JETPHORT, BOURDON, COMPAGNON, BATTU, BONNARD.

Certifié conforme à l'original, ce 30 Octobre 1789.

BARAS, Secrétaire.